Ditectif Geiriau
Llyfr 4

© Testun: Bethan Clement a Non ap Emlyn, 2015.
© Delweddau: Canolfan Peniarth,
Prifysgol Cymru Y Drindod Dewi Sant, 2015.

Golygwyd gan Lowri Lloyd.

Dyluniwyd gan Gwenno Henley.
Dyluniwyd y clawr gan Rhiannon Sparks.

Cyhoeddwyd yn 2015 gan Ganolfan Peniarth.

Mae Prifysgol Cymru Y Drindod Dewi Sant yn datgan ei hawl moesol dan Ddeddf Hawlfraint, Dyluniadau a Phatentau 1988 i gael ei hadnabod fel awdur a dylunydd y gwaith yn ôl eu trefn.

Cedwir pob hawl gan yr awduron unigol.

Ceir atgynhyrchu cynnwys y pecyn hwn at ddefnydd oddi mewn i ysgol y prynwr yn unig.

Ariennir yn rhannol gan Lywodraeth Cymru fel rhan o'i rhaglen gomisiynu adnoddau addysgu a dysgu Cymraeg a dwyieithog

Cyflwyniad Ditectif Geiriau

Un o nodau Ditectif Geiriau yw cyfarwyddo a chynorthwyo dysgwyr ac athrawon Cyfnod Allweddol 2 gyda chynnwys y Profion Darllen Cenedlaethol yn ogystal ag ategu gofynion ieithyddol y Fframwaith Llythrennedd a Rhifedd Cenedlaethol (FfLlRh) diwygiedig a'r Cwricwlwm Cenedlaethol.

Er y bydd defnyddio'r llyfrau yn help i'r dysgwyr ymgyfarwyddo ag iaith y profion, e.e. 'tanlinellwch', dylid cofio nad adnodd ar gyfer gwersi Cymraeg a pharatoi ar gyfer y profion yn unig yw hwn. Dylid defnyddio Ditectif Geiriau fel adnodd ystafell ddosbarth i addysgu yn bennaf gan fanteisio ar gyfleoedd i ehangu geirfa a gwybodaeth am iaith y dysgwyr mewn ystod o gyd-destunau. Addysgu a mwynhau drwy gydol y flwyddyn yw un o brif nodau'r gyfres, nid ymarfer ar gyfer y profion ddechrau tymor yr haf.

Nid oes rhaid cyflwyno gweithgaredd cyfan ar yr un pryd i'r dysgwyr. Gellid defnyddio un testun dros gyfnod o amser, gan dynnu sylw at wahanol nodweddion yn y testun wrth baratoi ac yna, roi adborth wedi i'r dysgwyr gwblhau'r dasg.

Yn ogystal â helpu gyda sgiliau darllen y dysgwyr, bydd y gyfres hon yn cynnig cyfleoedd i'r dysgwyr ddatblygu ymhellach eu sgiliau llafar, rhifedd a rhesymu.

Mae cwestiwn olaf pob gweithgaredd mewn bocs. Dyma'r cwestiwn trafod neu ysgrifennu estynedig sy'n rhoi cyfle i'r dysgwyr resymu ac mae'n cynnig cyfleoedd gwych i ddatblygu sgiliau ehangach y dysgwyr.

Mae rhai testunau wedi'u cynnwys heb deitl yn fwriadol am fod adnabod y teitl yn rhan o'r dasg. Mae hyn yn cael ei nodi'n glir yn y cynnwys gyfochr â themâu'r testunau dan sylw.

Mae'r gyfres yn cynnwys pedwar o lyfrau sydd wedi eu graddoli ar gyfer dysgwyr Cyfnod Allweddol 2. Mae amrywiaeth o destunau gwahanol fel sbardunau cychwynnol i'r ymarferion, e.e. adroddiad papur newydd, portread, sgript.

Yn ogystal, datblygwyd adnoddau rhyngweithiol i gefnogi'r llyfrau. Gall unigolion neu grwpiau yn yr ysgol eu defnyddio ond gellid hefyd eu defnyddio yn y cartref er mwyn hybu dysgu annibynnol. Gellir cael mynediad i'r gweithgareddau ar http://adnoddau.canolfanpeniarth.org/ditectif-geiriau/.

Cynnwys

1. Anifeiliaid yn hedfan — 4
2. Diwrnod trwynau coch — 8
3. Ffonau symudol mewn ysgolion cynradd — 12
4. Hanes y trên sgrech — 16
5. Testun di-deitl am farathon arbennig iawn — 20
6. Y Cawlach Rhyfedda — 24
7. Gofalu am y ddaear — 28
8. Y watsh — 32

Darllenwch y testun hwn.

Anifeiliaid yn hedfan

Ydych chi wedi gweld neidr - yn y sw, efallai, neu ar y teledu?

Nid oes gan nadroedd goesau na thraed ac felly fel arfer maent yn llithro'n dawel ar eu boliau – ar hyd y llawr, i fyny ac i lawr coed a thrwy'r dŵr.

Ond mae rhai nadroedd yn gallu hedfan. Er nad oes ganddynt adenydd, maent yn gallu newid siâp eu corff er mwyn hedfan drwy'r awyr.

Neidr sy'n hedfan – ffeil-ffeithiau:

Enw gwyddonol:	*Chrysopelea paradisi*
Math:	Ymlusgiad
Byw:	Mewn fforestydd glaw yn ne Asia
Diet:	Cig: madfallod, ystlumod – mae'n hela yn ystod y dydd
Hyd:	Hyd at 4 troedfedd/1.2 metr
Lliw:	Croen gwyrdd, melyn neu frown

Chrysopelea paradisi

Mae'r neidr yma – y *Chrysopelea paradisi* – yn byw yn y coed. Felly, pan fydd eisiau symud i goeden arall, mae'n llithro i flaen cangen, yn gwneud siâp J gyda'i chorff ac yna'n taflu ei hun o'r gangen.

Mae'n newid siâp ei chorff, sydd, fel arfer, yn grwn, fel ei fod yn fflat ac yna mae'n gwneud symudiadau igam-ogam yn yr awyr - er mwyn medru teithio drwy'r awyr. Mae'n gallu teithio hyd at 330 o droedfeddi, neu 100 metr, drwy'r awyr.

1. Pa is-deitl fyddai orau o dan y ffeil-ffeithiau? Ticiwch **un**.

- Sut mae'n edrych ☐
- Sut mae'n hedfan ☐
- Sut mae'n byw ☐
- Sut mae'n dringo coeden ☐

2. Beth yw prif bwrpas y testun hwn? Ticiwch **un**.

- perswadio ☐
- gofyn cwestiynau ☐
- rhoi gwybodaeth ☐
- mynegi barn ☐

3. Ticiwch **Cywir** neu **Anghywir**.

	Cywir	Anghywir
1. Fel arfer, nid oes gan neidr draed.		
2. Mae rhai nadroedd yn gallu teithio drwy ddŵr.		
3. Mae gan rai nadroedd adenydd.		
4. Mae'r *Chrysopelea paradisi* yn byw mewn coed.		
5. Mae'r neidr yn gallu hedfan hyd at 330 metr drwy'r awyr.		

4. Pam mae print italaidd yn cael ei ddefnyddio ar gyfer yr enw *Chrysopelea paradisi*?

- er mwyn eich helpu chi i ddysgu'r enw ☐
- gan fod iaith arall yn cael ei defnyddio ☐
- er mwyn gwneud i'r testun edrych yn ddiddorol ☐
- gan fod yr enw'n cyfeirio at fath arall o neidr ☐

5. Chwiliwch am ymadrodd yn y paragraff olaf sy'n golygu 'o un ochr i'r llall'. Copïwch yr ymadrodd isod.

_____

Nawr, darllenwch y testun hwn:

Anifeiliaid yn hedfan

Ydych chi wedi gweld gwiwer – yn y goedwig efallai – neu hyd yn oed mewn coeden yn agos i'ch cartref chi? Mae llawer o wiwerod llwyd yng Nghymru heddiw ond erbyn hyn nid oes cymaint o wiwerod coch. Maent wedi cael eu difa gan y gwiwerod llwyd gan eu bod yn cario haint sy'n lladd gwiwerod coch.

Efallai eich bod chi wedi gweld gwiwer yn dringo'n gyflym i fyny coeden, neu efallai eich bod chi wedi gweld un yn sboncio o gangen i gangen, ond tybed ydych chi wedi gweld un yn hedfan drwy'r awyr?

Er nad oes ganddynt adenydd, mae rhai gwiwerod yn gallu hedfan.

Enw gwyddonol:	*Petaurus norfolcensis*
Math:	Mamal
Byw:	Mewn fforestydd sych yn nwyrain Awstralia
Diet:	Cig a phlanhigion: pryfed, hadau, neithdar, paill – mae'n hela yn ystod y nos
Hyd:	y corff: tua 20 cm; y gynffon 27 cm
Lliw:	Ffwr llwyd gyda streipen ddu ar hyd y corff a'r pen. Cynffon fflwffog ddu.

Petaurus norfolcensis

Gwiwer sy'n hedfan – ffeil-ffeithiau:

Mae'r wiwer hon yn byw yn y coed. Mae ganddi ddarn tenau o groen rhwng ei breichiau a'i choesau a phan fydd hi eisiau hedfan, mae'n agor ei breichiau a'i choesau ar led ac yn neidio. Mae'r croen yn gweithio fel parasiwt. Mae'n gallu teithio hyd at 330 o droedfeddi, neu 100 metr, yn yr awyr.

Camp eithafol

Mae rhai pobl yn neidio fel y wiwer yma mewn camp eithafol o'r enw neidio mewn siwt-adenydd.

Maent yn gwisgo siwt un-darn arbennig, lle mae darn o ddefnydd ysgafn yn cysylltu'r breichiau a'r coesau. Yna, maent yn mynd i ben mynydd uchel – neu mewn awyren hyd yn oed – ac yn neidio.

I ddechrau, mae'r siwt yn gweithio fel parasiwt ac yn eu cadw yn yr awyr wrth iddynt hedfan i lawr, ond fel arfer maent yn agor parasiwt go iawn cyn cyrraedd y ddaear.

Bobl bach!

6. Yn ôl y testun, pam mae llai o wiwerod coch yng Nghymru heddiw?

Ticiwch **un**.

Maent wedi cael eu lladd wrth iddynt hedfan drwy'r awyr. ☐
Maent wedi cael eu lladd gan salwch arbennig. ☐
Maent wedi marw oherwydd bod pryfed ar eu cyrff. ☐
Maent wedi cael eu lladd gan bobl sy'n hedfan drwy'r awyr. ☐

7. Ticiwch **Cywir** neu **Anghywir**.

	Cywir	Anghywir
1. Mae pob gwiwer yn gallu hedfan drwy'r awyr.		
2. Mae gwiwerod yn gwisgo parasiwt er mwyn hedfan.		
3. Mae rhai gwiwerod yn gallu hedfan oherwydd bod ganddynt ddarn arbennig o groen.		
4. Mae'r gwiwerod sy'n hedfan yn cysgu drwy'r nos bob nos.		
5. Mae gwiwerod sy'n hedfan yn copïo pobl.		

8. Pa un o'r ebychiadau yma fyddai orau yn y llinell olaf?

Ticiwch **un**.

Mor wahanol i'r wiwer sy'n hedfan! ☐
Dyna gopïo'r wiwer sy'n hedfan! ☐
Gwiwer yn gwneud campau eithafol! ☐
Chwaraeon eithafol am byth! ☐

Sut mae'r ddau anifail yma sy'n hedfan yn debyg i'w gilydd a sut maent yn wahanol?

Trafodwch hyn a chofnodwch eich syniadau ar ffurf pwyntiau bwled.

Darllenwch y testun yn y bocs isod.

Diwrnod trwynau coch

Sut dechreuodd diwrnod trwynau coch?

Ym mis Rhagfyr 1985, roedd newyn ofnadwy yn Ethiopia. Ar ddydd Nadolig, yn fyw ar BBC1, cafodd *Comic Relief* ei lansio. Roedd y syniad yn syml. Roedd grŵp o ddigrifwyr enwog yn mynd i ddod at ei gilydd i wneud i bobl chwerthin a chasglu arian i helpu'r newynog.

Yna, yn 1988, dechreuodd diwrnod trwynau coch. Y syniad ydy bod pobl yn gwneud rhywbeth digrif ac yn cael hwyl, ac ar yr un pryd, yn codi arian i helpu newid bywyd pobl dlawd. Mae diwrnod trwynau coch yn digwydd bob yn ail flwyddyn.

Pa fath o bethau mae pobl yn eu gwneud am arian?

Dyma rai pethau sydd wedi digwydd yng Nghymru yn y gorffennol.

- Cafodd y dŵr ym Mhwll Nofio Rhyngwladol Caerdydd ei liwio'n goch
- Cafodd golau coch ei roi ar Ganolfan y Mileniwm yng Nghaerdydd.

Hefyd, mae rhai pobl yn cael eu noddi i wneud pethau anarferol, e.e.

- grŵp o blant yn eistedd mewn bath o jeli coch
- staff y gegin yn gwisgo dillad coch ac yn paratoi pryd o fwyd coch i'r plant
- pêl-droedwyr clwb Abertawe yn lliwio'u gwallt yn goch yn 2011.

Beth sy'n digwydd ar y teledu?

Ar ddiwrnod trwynau coch mae rhaglen ar y teledu gyda'r nos. Yn 1988 codon nhw £15 miliwn ar y noson. Yn 2013 codon nhw £75 107 851, y swm mwyaf erioed a bron tri chwarter miliwn yn fwy na 2011.

Am fis cyn y diwrnod mawr yn 2013, roedd rhaglen arbennig – *Let's Dance for Comic Relief* ar y teledu ar nos Sadwrn. Roedd sêr o Gymru'n bwysig ar y rhaglen deledu yma achos Alex Jones a Steve Jones oedd yn cyflwyno. Mae Steve yn dod o'r Rhondda ac mae Alex yn dod o Rydaman.

I ble mae'r arian yn mynd?

Mae'r arian yn mynd i helpu pobl ym Mhrydain a gwledydd tlawd y byd. Dyma sut mae peth o'r arian yn cael ei wario.

- Yn Uganda, mae llawer o bobl yn marw o malaria. Mae arian *Comic Relief* yn prynu rhwydi mosgito.
- Yn India, mae arian *Comic Relief* yn talu am loches i blant y stryd.
- Ym Mhrydain, mae arian *Comic Relief* yn helpu gofalwyr ifanc.
- Yn Affrica, mae arian *Comic Relief* yn adeiladu ysgolion i'r plant.

1. Beth yw ffurf yr is-benawdau yn y testun hwn?

Ticiwch **un**.

- ymadrodd ☐
- cwestiwn ☐
- dyfyniad ☐
- brawddeg ☐

2. Tynnwch linellau i gysylltu'r gair â'r diffiniad.

Gair	Diffiniad
syniad	berf yn yr amser gorffennol
dechreuodd	enw lluosog
rhaglen	ansoddair
ofnadwy	berfenw
gofalwyr	enw gwrywaidd
cyflwyno	enw benywaidd

3. Ym mha flwyddyn bydd y diwrnod trwynau coch nesaf yn ôl y testun?

_____

4. Ticiwch **Cywir** neu **Anghywir** ar gyfer pob brawddeg.

	Cywir	Anghywir
1. Roedd y diwrnod trwynau coch cyntaf yn 1985.		
2. Codon nhw fwy o arian ar ddiwrnod trwynau coch 2013 na 2011.		
3. Mae tîm pêl-droed Abertawe yn lliwio'u gwallt yn goch bob tro ar ddiwrnod trwynau coch.		
4. Mae *Comic Relief* yn rhoi arian i lawer o wledydd.		
5. Mae rhaglen *Comic Relief* ar y teledu yn dechrau am hanner nos.		

5. Beth yw ystyr 'noddi'? Ticiwch **un**.

rhoi arian i rywun am wneud rhywbeth ☐

dweud beth rydych yn ei wneud i godi arian ☐

gwneud rhywbeth dwl iawn ☐

rhoi arian i achos da bob mis ☐

6. Pam mae rhai geiriau yn y darn hwn mewn print *italaidd*?

_____

_____

7. Tynnwch linellau i gysylltu'r geiriau â'r ymadroddion tebyg eu hystyr.

Gair	Tebyg eu hystyr
newynog	pobl ddoniol
digrifwyr	lle i gysgodi
lloches	dim llawer o arian
tlawd	eisiau bwyd

8. Rhowch y blynyddoedd yma yn y drefn gywir.

1988   _____

2011   _____

1985   _____

2013   _____

9. Pam roedd *Let's Dance for Comic Relief* yn bwysig i bobl Cymru?

_____

10. Darllenwch y llinell yma eto.

> Hefyd, mae rhai pobl yn cael eu noddi i wneud pethau anarferol, e.e.

Beth yw ystyr 'e.e'?

_____

> Ydych chi wedi codi arian at achos da erioed? Eglurwch beth yn union wnaethoch chi a beth oedd yr achos.
>
> Ydych chi'n meddwl bod diwrnod trwynau coch yn achos da? Eglurwch pam rydych chi'n dweud hyn.

11

Darllenwch y testun yn y bocs isod.

Ffonau symudol mewn ysgolion cynradd

Mae llawer iawn o ddadlau ynglŷn â defnydd plant o ffonau symudol. Ym Mhrydain, mae gan dros dri chwarter o blant deg oed ffôn symudol. Hefyd, mae gan ddeg y cant o blant pump oed ffôn personol. Mae rhoi ffôn i blentyn pump oed yn hollol hurt, yn fy marn i.

Ond a ddylai plant fod yn cael mynd â'u ffonau symudol i'r ysgol?

Mae ambell un yn dadlau bod ffonio ac anfon negeseuon testun at ffrindiau yn bwysig. Efallai bod hynny'n wir ar adegau ond does dim angen iddynt ffonio ac anfon negeseuon at ei gilydd yn ystod y diwrnod ysgol. Byddai'n llawer haws ac yn fwy buddiol iddynt siarad â'i gilydd.

Mae rhai rhieni yn awyddus i sicrhau bod eu plant yn gallu cysylltu â nhw ar unrhyw adeg o'r dydd. Dywedodd un tad,

"Mae gan fy merch i ffôn symudol fel y gall hi gysylltu â fi mewn argyfwng. Hefyd, rwy'n teimlo ei bod hi'n fwy diogel wrth gerdded adre pan fydd y ffôn ganddi."

Anghytunaf yn llwyr. Pa argyfwng sy'n mynd i ddigwydd i blentyn yn yr ysgol? Pe bai plentyn yn sâl neu'n cael damwain yn yr ysgol, byddai'r staff yn cysylltu â'r rhiant ar unwaith. Fyddai dim angen i'r plentyn gael ffôn, a dwli yw dweud y byddai yn fwy diogel wrth gerdded adre o'r ysgol pe bai ganddo ffôn. Mae cario ffôn yn gallu rhoi plentyn mewn mwy o berygl na bod heb un. Dywed yr heddlu fod canran uchel iawn o droseddau yn erbyn plant yn ymwneud â dwyn ffonau symudol.

Mae llawer iawn o ysgolion cynradd yn gwrthod caniatáu ffonau symudol yn yr ysgol. Credant fod ffonau yn gallu bod yn fater sy'n arwain at gystadleuaeth ymhlith y plant, gyda'r rhai sydd heb ffôn yn teimlo'n israddol. Mae ysgolion yn awyddus i sicrhau bod pawb yn gyfartal. Dyna pam mae ganddynt wisg swyddogol a dyna pam mae cymaint ohonynt yn gwahardd ffonau symudol.

Dangosodd ymchwil diweddar fod tua awr y dydd yn cael ei wastraffu mewn rhai ysgolion oherwydd bod plant yn chwarae â'u ffonau symudol. Dyna reswm da arall dros eu gwahardd o'r ysgol.

Ond, y ddadl gryfaf dros wahardd ffonau symudol o ysgolion cynradd yw bod meddygon yn ofni bod defnyddio ffonau symudol cyn i'r ymennydd orffen datblygu yn beryglus iawn i iechyd plant.

1. Beth yw pwrpas y darn hwn?

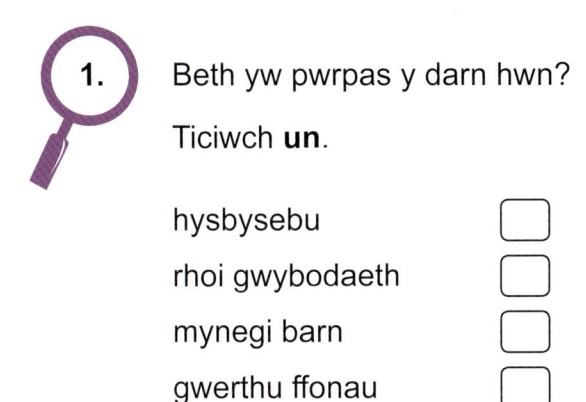

   Ticiwch **un**.

   hysbysebu ☐
   rhoi gwybodaeth ☐
   mynegi barn ☐
   gwerthu ffonau ☐

2. Darllenwch y paragraff yma eto. Mae un gair yn y paragraff yn golygu 'rhwyddach'. Tanlinellwch y gair hwnnw.

   > Mae ambell un yn dadlau bod ffonio ac anfon negeseuon testun at ffrindiau yn bwysig. Efallai bod hynny'n wir ar adegau ond does dim angen iddynt ffonio ac anfon negeseuon at ei gilydd yn ystod y diwrnod ysgol. Byddai'n llawer haws ac yn fwy buddiol iddynt siarad â'i gilydd.

3. Tynnwch linellau i gysylltu'r gair â'r diffiniad.

Gair	Diffiniad
dadlau	berf unigol yn yr amser gorffennol
dywedodd	berf luosog
anghytunaf	berf unigol yn yr amser presennol
credant	berfenw

13

4. Ticiwch **Cywir** neu **Anghywir** ar gyfer pob brawddeg.

	Cywir	Anghywir
1. Mae gan un o bob deg o blant pump oed ffôn symudol.		
2. Mae gan 75% o blant deg oed ffôn symudol.		
3. Mae mynd â ffôn symudol i'r ysgol yn gwneud pawb yn gyfartal.		
4. Mae pob ysgol wedi gwahardd ffonau symudol.		
5. Mae angen i blant gael ffôn symudol yn yr ysgol i ffonio mewn argyfwng.		

5. Pam mae'n gallu bod yn fwy peryglus i blant gario ffôn na bod heb un?

   _____

   _____

6. Mae un dyfyniad yn y testun. Copïwch frawddeg gyntaf y dyfyniad yma.

   _____

   _____

7. Darllenwch y paragraff yma eto.

> Anghytunaf yn llwyr. Pa argyfwng sy'n mynd i ddigwydd i blentyn yn yr ysgol? Pe bai plentyn yn sâl neu'n cael damwain yn yr ysgol, byddai'r staff yn cysylltu â'r rhiant ar unwaith. Fyddai dim angen i'r plentyn gael ffôn, a dwli yw dweud y byddai yn fwy diogel wrth gerdded adre o'r ysgol pe bai ganddo ffôn. Mae cario ffôn yn gallu rhoi plentyn mewn mwy o berygl na bod heb un. Dywed yr heddlu fod canran uchel iawn o droseddau yn erbyn plant yn ymwneud â dwyn ffonau symudol.

Mae sawl treiglad yn y darn. Rhowch gylch o gwmpas pob treiglad.

Beth yw'r enw ar y treiglad sydd yn y darn yma?

_____

8. Rhowch **3** rheswm o'r darn dros beidio â chaniatáu ffonau symudol mewn ysgolion cynradd.

_____

_____

_____

> Pa oed yw'r amser iawn i blant gael ffôn symudol? Pam rydych chi'n dweud hyn?
>
> Beth yw'ch barn chi am blant ysgolion cynradd yn defnyddio ffonau symudol? Beth yw'r rhesymau dros ac yn erbyn caniatáu ffonau symudol mewn ysgolion cynradd yn eich barn chi? Cofiwch roi digon o resymau i gefnogi'ch barn. Ceisiwch berswadio aelodau eraill y grŵp i gytuno â chi.

Darllenwch y testun yma.

Hanes y trên sgrech

Y reid

Ydych chi erioed wedi bod ar drên sgrech? Does dim byd fel y teimlad rydych chi'n ei gael pan rydych chi'n eistedd mewn cerbyd bach gyda dim ond bar ar draws eich coesau yn dringo'n araf i fyny'r llethr serth. Does dim modd dod allan o'r cerbyd, er eich bod yn gwybod bod dibyn mawr ar ochr arall y copa. Mae'ch calon yn curo fel gordd. Mae'r copa'n dod yn nes ac yn nes, yn nes ac yn nes.

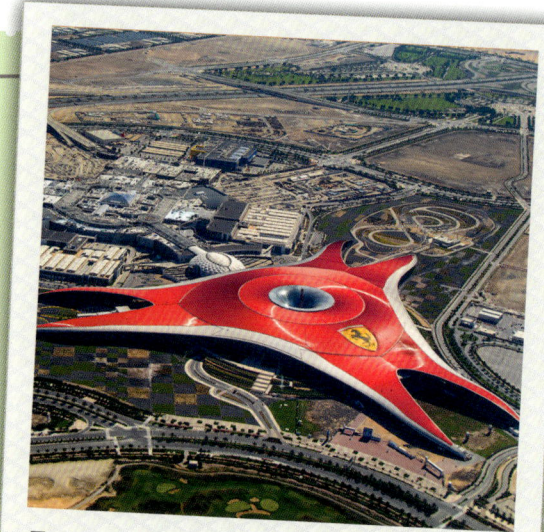

Formula Rossa, Abu Dhabi

Mae'r cerbyd yn dechrau disgyn. Does dim byd o'ch blaen ond yr awyr las. Yn sydyn rydych chi'n plymio i'r ddaear. Rydych chi'n cael eich taflu i'r dde, i'r chwith, i fyny ac i lawr ar gyflymdra mawr. Dyma beth yw cyffro. Dyma beth yw gwefr.

Y dechrau

Ond sut dechreuodd y trenau sgrech? Mae peth amheuaeth. Mae rhai yn dweud mai ym Mharis yn 1804, gwelwyd y trên sgrech cyntaf. Doedd e ddim yn ddiogel iawn achos weithiau roedd y cerbydau'n syrthio oddi ar y trac!

Y cyflymaf, y talaf, yr hiraf

Mae pob parc antur eisiau brolio. Mae rhai yn dweud mai ganddyn nhw mae'r trên sgrech gorau. Mae eraill yn dweud mai ganddyn nhw mae'r un cyflymaf neu'r hiraf.

Mae'r trên sgrech hiraf, y ddraig ddur, ym Mie yn Japan. Mae'r trac yno'n mesur 2 479 metr. Cafodd ei adeiladu yn y flwyddyn 2000, sef blwyddyn y ddraig yn China. Oherwydd bod llawer o ddaeargrynfeydd yn Japan, roedd rhaid iddyn nhw ddefnyddio llawer mwy o ddur nag arfer wrth ei adeiladu.

Mae'r trên sgrech hiraf ym Mhrydain yn swydd Efrog, gogledd Lloegr. Mae'r trac yno yn mesur 2 268 metr. Cafodd ei adeiladu yn 1991.

Y trên sgrech uchaf yn y byd yw'r *Kingda Ka* yn America. Mae e mor dal ag adeilad 45 llawr ac mae e'n mesur 139 metr. Cafodd ei adeiladu yn 2005. Hwn hefyd oedd y cyflymaf yn y byd am bum mlynedd, nes i'r *Formula Rossa* yn Abu Dhabi agor.

Mae'r *Formula Rossa* yn cyrraedd cyflymder o 240 cilomedr yr awr ac mae'r cerbydau'n edrych fel ceir rasio fformiwla un. Oherwydd bod y reid mor gyflym, mae'r teithwyr yn cael gogls i ddiogelu eu llygaid.

1. Pam rydych chi'n meddwl i'r ddraig ddur yn Japan gael yr enw yna?

   _____

2. Dewiswch a chopïwch **2** gymhariaeth o'r darn.

   _____

   _____

3. Pam mae'r awdur wedi defnyddio ebychnod ar ddiwedd y frawddeg yma?

   > Doedd e ddim yn ddiogel iawn achos weithiau roedd y cerbydau'n syrthio oddi ar y trac!

   Ticiwch **un**.

   i ddangos bod ofn arno ☐
   i ddangos syndod neu sioc ☐
   i ddangos bod y reid yn ddiogel ☐
   i ddangos bod y reid yn gyffrous ☐

4. Pam mae'r awdur yn ailadrodd **yn nes ac yn nes** ar ddiwedd y paragraff cyntaf? Ticiwch **un**.

   er mwyn dangos ei fod yn edrych ymlaen at gyrraedd y copa ☐
   er mwyn dangos ei fod yn hyderus ☐
   er mwyn dangos bod ofn arno ☐
   er mwyn creu tensiwn ☐

5. Rhowch y digwyddiadau hyn yn y drefn gywir o 1 i 4.

Formula Rossa yn agor ☐

Y ddraig ddur yn agor ☐

Trên sgrech swydd Efrog yn agor ☐

Kingda Ka yn agor ☐

6. Ym mha flwyddyn agorodd y *Formula Rossa*?

_____

7. Ffurf eithaf ansoddeiriau yw 'cyflymaf', 'talaf' a 'hiraf'. Beth yw ffurf eithaf yr ansoddeiriau yma?

1. hen _____

2. uchel _____

3. byr _____

4. trwm _____

5. da _____

8. Ticiwch **Cywir** neu **Anghywir** ar gyfer pob brawddeg.

	Cywir	Anghywir
1. Cafodd trên sgrech ei weld ym Mharis yn 1804.		
2. Maen nhw'n gwybod pryd agorodd y trên sgrech cyntaf.		
3. Cafodd y trên sgrech hiraf ei adeiladu yn y flwyddyn 2000.		
4. Mae gan y *Kingda Ka* 45 llawr.		
5. Roedd hi'n flwyddyn y ddraig yn 2000.		

9. Rhowch y mesuriadau yma mewn trefn o 1 i 4. Dechreuwch gyda'r **byrraf**.

2 479 metr _____

2 268 metr _____

240 cilomedr _____

139 metr _____

10. Tynnwch **5** llinell i gysylltu'r geiriau ar y chwith â'u hystyron. Mae un wedi ei wneud i chi.

Gair	Ystyr
gordd	ansicrwydd
brolio	morthwyl
plymio	tyle/rhiw/bryn
llethr	top
copa	ymffrostio
amheuaeth	disgyn yn gyflym

11. Pam mae rhai geiriau yn y darn hwn mewn print *italaidd*?

_____

_____

> Eglurwch beth sy'n gwneud atyniad ffair deniadol a chyffrous yn eich barn chi? Trafodwch yn eich grŵp a rhowch ddigon o resymau i gefnogi eich barn.

19

Darllenwch y testun yma.

CYLCHGRAWN CAMPAU CŴL

10fed Ebrill 2014

Mae dyn o Ogledd America, Mike Wardian, wedi ennill Marathon Pegwn y Gogledd mewn 4 awr, 7 munud a 40 eiliad. "Mae'n deimlad gwych," meddai. "Dyma'r ras fwyaf anodd i mi ei rhedeg ers amser. Dw i mor hapus fy mod i wedi cymryd rhan yn y marathon yma."

Bedwar deg munud yn ddiweddarach, cyrhaeddodd enillydd ras y merched, Anne-Marie Flammersfeld, o'r Almaen, "Roedd hi mor oer," dywedodd. "Mae fy nghorff i'n teimlo fel petai e wedi rhewi – mae hyd yn oed fy aeliau i wedi rhewi. Roeddwn i'n poeni ar un adeg, achos doeddwn i ddim yn gallu teimlo fy nwylo."

"Ofnadwy," oedd barn un arall o'r rhedwyr. "Fydda i byth yn rhedeg yn y ras yma eto!"

Roedd y tywydd yn oer iawn ar gyfer y ras, tua -30°C, ond roedd pob un o'r 48 o gystadleuwyr wedi gwisgo dillad addas, sef:

- sawl haen o ddillad thermal
- siwt wrth-ddŵr
- balaclafa neu fwgwd arbennig dros yr wyneb
- menig
- cap thermal
- sanau ac esgidiau addas.

Anodd!

"Roedd hi'n ras anodd iawn," dywedodd un o'r rhedwyr. "Roedd hi mor oer ac roedd yr eira mor feddal i redeg arno. Roedd e'n union fel rhedeg ar dywod."

Rhaid bod yn heini i redeg mewn unrhyw farathon, wrth gwrs, ond rhaid paratoi'n arbennig ar gyfer y ras hon. Roedd rhai o'r rhedwyr wedi bod i wledydd oer i ymarfer rhedeg mewn oerfel ac roedd rhai ohonyn nhw wedi bod yn rhedeg ar felin draed (*treadmill*) mewn rhewgell enfawr. Roedd rhai wedi bod yn rhedeg ar draws traethau tywodlyd hefyd.

Oedd, roedd hi'n ras anodd ond roedd pawb yn cytuno bod rhedeg ym Marathon Pegwn y Gogledd yn brofiad anhygoel.

Llongyfarchiadau mawr i bawb a gymerodd ran!

Marathon Pegwn y Gogledd: Ffeil-ffeithiau

- Mae'r marathon yma yr un pellter â marathon cyffredin, sef 26.2 milltir neu 42.2 km.
- Rhaid i'r rhedwyr redeg 12 lap o gwmpas cwrs arbennig ond oherwydd yr oerfel, maen nhw'n cael mynd i mewn i babell yn ystod y ras er mwyn cynhesu eu cyrff a chael diod boeth.
- Roedd y marathon cyntaf ym Mhegwn y Gogledd ar 5 Ebrill 2002.
- Dyma'r ras fwyaf gogleddol yn y byd.
- Rhaid cymryd gofal arbennig oherwydd mae eirth gwyn yn yr ardal ac maen nhw'n beryglus iawn.
- Hyd yma, mae tua 300 o redwyr o 40 gwlad wedi gorffen y ras.
- Dyma'r unig ras yn y byd sy'n cael ei rhedeg ar ddŵr (sef dŵr wedi rhewi).

1. Beth fyddai'r teitl gorau ar gyfer y testun hwn? Ticiwch **un**.

- Arth Wen yn Ymosod ar Redwyr ☐
- Rhedeg mewn Oerfel Ofnadwy ☐
- Tywydd Cynnes ar gyfer Marathon Pegwn y Gogledd ☐
- Dynes o America'n ennill Marathon Pegwn y Gogledd ☐

2. Beth yw'r testun yma? Ticiwch **un**.

stori ☐   neges e-bost ☐
erthygl ☐   llythyr ☐

3. Pwy ddywedodd beth?

Tynnwch **3** llinell i gysylltu'r geiriau â'r person.

Profiad arbennig!   Byth eto!   Oer ofnadwy!

Anne-Marie Flammersfeld   Un o'r rhedwyr   Mike Wardian

4. Rhestrwch **6** ansoddair gwahanol sydd yn y testun.

_____   _____

_____   _____

_____   _____

5. Mae'r testun yn dweud bod y rhedwyr yn rhedeg ar ddŵr sydd wedi rhewi.

Beth yw enw'r cefnfor lle maen nhw'n rhedeg?

Ticiwch **un**.

Cefnfor Iwerydd ☐   Y Cefnfor Tawel ☐   Cefnfor Arctig ☐

6. Nodwch **2** ffordd mae'r rhedwyr yn gallu paratoi ar gyfer y ras.

_____

_____

7. Darllenwch y darn yn y bocs ffeil-ffeithiau eto ac yna ticiwch **Cywir** neu **Anghywir**.

	Cywir	**Anghywir**
1. Mae'r marathon yma'n hirach na marathonau eraill.		
2. Mae'r rhedwyr yn cael yfed yn ystod y ras.		
3. Mae pobl o 300 o wledydd wedi rhedeg yn y ras.		
4. Mae rhai pobl yn nofio yn y dŵr yn ystod y ras.		
5. Mae'r ras yn digwydd yn y gogledd.		

8. Sut mae ysgrifennu -37°C mewn geiriau?

_____

9. Dyma enwau'r 3 dyn cyntaf a'r 3 merch gyntaf i orffen y ras yn nhrefn yr wyddor. Edrychwch yn ofalus ar eu hamser (o dan eu henwau) er mwyn gweithio allan pwy enillodd y ras, pwy ddaeth yn ail, yn drydydd ac ati.

Gosodwch nhw yn y drefn gywir. Mae un wedi ei wneud i chi.

Patrick Cande (Tahiti)
5:46.19

Anne-Marie Flammersfeld (Yr Almaen)
4:52.45

Shona Thomson (Prydain)
9:09.22

Mike Wardian (Unol Daleithiau America)
4:07:40

Anna Wester (Yr Iseldiroedd)
7:57.50

Luke Wigman (Prydain)
5:03.55

Cyntaf: Mike Wardian

Ail: _____

Trydydd: _____

Pedwerydd: _____

Pumed: _____

Chweched: _____

> Edrychwch ar yr ansoddeiriau isod. Mewn grŵp, dewiswch y 5 ansoddair gorau i ddisgrifio person sy'n rhedeg yn y ras yma. Pam rydych chi'n dewis yr ansoddeiriau hyn?
>
> dewr • gwirion • nerfus • blinedig • caredig • heini • penderfynol • diog • gwan • hyderus • anturus • doniol • gweithgar • brwd • cryf • poenus
>
> Yna, cymharwch eich syniadau chi â syniadau grwpiau eraill. Cofiwch egluro pam rydych chi wedi dewis yr ansoddeiriau.

Darllenwch y testun yn y bocs isod.

Y Cawlach Rhyfedda

Does dim byd yn well gennyf i na chawl llysiau –
'Rôl cymysgu'r moron a'r pys a'r perlysiau,
Taflu'r tatws a'r cig a'r cennin i'r crochan
A'u berwi nes bod popeth yn tawel ffrwtian.

Pupur a halen gyda winwns a phannas
A sweden fawr gron wedi'i thorri'n faint addas,
Yn canu 'da'i gilydd yn flasus a swynol
Wrth i stêm hyfryd godi o'r wledd ddelfrydol.

Ond dyna i chi gawl oedd yma y llynedd
Ar Ddydd Gŵyl Dewi, pan aeth pethau'n go ryfedd –
Neidiodd y cennin o'r pridd cyn eu codi
A dianc o'r ardd yn llawn cyffro a miri.

I lawr â nhw wedyn i'r pentref ar garlam
Heibio pawb a phopeth ar ras igam-ogam,
O gwmpas yr eglwys a draw dros y bryniau
A minnau'n stryffaglu, yn dynn ar eu sodlau!

'Stopiwch nhw!' bloeddiais nerth esgyrn fy mhen
Gan duchan ac ysu i'r ras ddod i ben,
Ond 'mlaen aeth y cennin nes cyrraedd y top
A dyna pryd ddaeth pob llysieuyn i stop!

Ar y bryn yr oedd mynach a'i eiriau fel swyn
Yn denu i wrando ar 'i bregeth mor fwyn –
Am wneud pethau mawr ac am wneud pethau bychain
Gan feddwl am eraill yn lle ni ein hunain.

Yn sydyn, daeth golau i oglais fy llygaid
A sŵn llais cyfarwydd i'm deffro fel coflaid,
Dwy lygad a thrwyn a cheg ddaeth i'r golwg –
A'r cennin yn freuddwyd, roedd hynny'n go amlwg.

Wedi sôn wrth Mam am y cennin a'r mynach
Adroddodd hi stori nad oedd yn gyfrinach,
Am Dewi, ein nawddsant, a oedd wir yn seren,
A'i eiriau mor ddoeth ac mor ddisglair â'r heulwen.

Dyn da oedd Dewi, yn ôl pob stori –
A gallwn yn wir wneud â'i gwmni e heddi
I'm helpu â'r llysiau – dwi mewn tipyn o drwbwl
Wrth wneud cawlach o'r cawl – a'm meddwl mewn cwmwl.

Llinos Dafydd

1. Beth rydyn ni'n galw y math yma o destun? Ticiwch **un**.

   llythyr ☐
   stori ☐
   cerdd ☐
   cyfweliad ☐

2. Eglurwch pam rydych chi'n meddwl hynny.

   _____

   _____

   Yn y pennill cyntaf, mae 'llysiau' a 'pherlysiau' yn odli. Dewch o hyd i a chopïwch **4** pâr arall o eiriau sydd yn odli.

   - _____ a _____
   - _____ a _____
   - _____ a _____
   - _____ a _____

3. Darllenwch y llinellau yma.

   > Yn canu 'da'i gilydd yn flasus a swynol
   > Wrth i stêm godi o'r wledd ddelfrydol.

   Tanlinellwch **3** gair sy'n awgrymu bod y cawl yn braf i'w fwyta.

4. Ym mhennill 4, pa eiriau sy'n awgrymu bod y bardd yn gwneud ymdrech i stopio'r llysiau?

   _____

5. Pa ymadrodd ym mhennill 5 sy'n dweud wrthym fod y bardd wedi gweiddi'n uchel iawn?

_____

6. Pwy yw'r mynach ym mhennill 6?

_____

7. Pwy, yn eich barn chi, oedd y llais cyfarwydd ym mhennill 7? Pam rydych chi'n dweud hyn?

_____

_____

8. Ticiwch **Cywir** neu **Anghywir** ar gyfer pob brawddeg.

	Cywir	Anghywir
Roedd y stori am Dewi Sant yn gyfrinach.		
Roedd y bardd wedi breuddwydio am y llysiau yn rhedeg i'r pentref.		
Rhedodd y llysiau heibio i'r mynach.		
Nid yw'r bardd yn hoffi cawl llysiau.		
Roedd y mynach yn pregethu ar y bryn.		
Roedd eglwys yn y pentref.		

9. Pa eiriau yn y pennill olaf ond un sy'n dweud wrthym fod Dewi Sant yn ddyn call iawn?

_____

26

Roedd y mynach yn y testun yn dweud wrthym:

'Am wneud pethau mawr ac am wneud pethau bychain
Gan feddwl am eraill yn lle ni ein hunain.'

Yn eich grŵp, trafodwch beth rydych chi'n ei wneud i helpu eraill.

- Beth yw'r pethau bach?
- Beth yw'r pethau mawr?
- Beth rydych chi'n ei wneud fel dosbarth neu ysgol?
- Beth rydych chi'n ei wneud yn bersonol?
- Allech chi wneud mwy? Beth?
- Ydych chi'n cytuno â'r bardd? Ydy hi'n bwysig i ni feddwl am eraill? Rhowch ddigon o resymau dros eich barn.

Darllenwch y testun yn y bocs.

Gofalu am y ddaear

Beth yw newid hinsawdd?

Ers 1990, mae'r tywydd wedi bod yn fwy cynnes. Mae'r ddaear yn cynhesu ac mae hyn yn golygu bod y rhewlifau a'r capiau iâ yn toddi. Mae'r dŵr o'r rhewlifoedd a'r capiau iâ yn llifo i'r afonydd a'r cefnforoedd ac mae hyn yn achosi llifogydd ar dir isel. Mae llifogydd yn dinistrio adeiladau ac mae pobl yn gorfod gadael eu cartrefi.

Pan mae'r byd yn cynhesu, mae'r moroedd yn twymo hefyd. Mae hyn yn gallu arwain at fwy o stormydd a chorwyntoedd difrifol iawn.

Mae'r tymhorau'n newid. Yng Nghymru rydym yn cael mwy o law yn y gaeaf a llai o law yn yr haf. Mae newid yn y patrymau glaw yn gallu achosi problemau i ffermwyr. Heb law yn yr haf, ni fydd cnydau o ffrwythau a llysiau yn tyfu. Mae hyn yn broblem ofnadwy yma ond mewn rhai rhannau o Affrica mae'r broblem yn waeth. Weithiau does dim glaw o gwbl yn Affrica ac felly does dim byd yn tyfu a does dim bwyd gan y bobl. Mae anialwch y Sahara yn tyfu. Mae e'n mynd yn fwy ac yn fwy bob blwyddyn. Felly, mae llai o bridd da i gael i dyfu bwyd yn y wlad.

Pam mae'r byd yn cynhesu?

Pan rydym yn defnyddio'r cyfrifiadur, edrych ar y teledu, teithio mewn car, trên, awyren ac ati, rydym yn defnyddio tanwydd ffosiledig ac mae tanwydd ffosiledig yn gollwng nwyon tŷ gwydr fel carbon deuocsid i'r awyr. Dyma rai ffeithiau diddorol.

- Mae pob person ym Mali yn gollwng 0.1 tunnell o garbon deuocsid i'r awyr bob blwyddyn.
- Ym Mhrydain, mae pob person yn gollwng tua 9.4 tunnell o garbon deuocsid i'r awyr bob blwyddyn.
- Yn America, mae pob person yn gollwng tua 20 tunnell o garbon deuocsid i'r awyr bob blwyddyn.

Sut gallwn ni helpu?

Mae pawb yn gallu helpu. Gallwn deithio'n wyrdd. Gallwn gerdded neu feicio yn lle mynd yn y car neu ar y bws. Dylen ni hefyd ddiffodd y cyfrifiadur, y golau a'r teledu wrth adael yr ystafell. Mae ailgylchu'n helpu hefyd ac wrth gwrs ddylen ni ddim gwastraffu bwyd.

rhewlif hwn *enw* (rhewlifau) afon o iâ sy'n symud yn araf i lawr mynydd GLACIER

tanwydd hwn *enw* (tanwyddau) unrhyw beth sy'n cael ei losgi er mwyn cynhyrchu gwres FUEL

1. Beth yw pwrpas y testun hwn? Ticiwch **un**.

   mynegi barn ☐
   hysbysebu ☐
   perswadio ☐
   cyflwyno gwybodaeth ☐

2. Copïwch un o'r is-benawdau yn y testun hwn yma.

   _____

3. Darllenwch y paragraff cyntaf eto. Yna, rhowch y digwyddiadau yn y drefn gywir o 1 i 6. Mae'r un cyntaf wedi ei wneud i chi.

mwy o ddŵr yn yr afonydd a'r cefnforoedd	☐
y ddaear yn cynhesu neu'n twymo	☐
cartrefi yn cael eu dinistrio	☐
rhewlifoedd a chapiau iâ yn toddi	☐
llifogydd yn digwydd	☐
tywydd yn fwy cynnes	1

4. Ticiwch **Cywir** neu **Anghywir** ar gyfer pob brawddeg.

	Cywir	Anghywir
Mae anialwch y Sahara yn fwy nawr nag oedd e.		
Dydy carbon deuocsid ddim yn un o'r nwyon tŷ gwydr.		
Pobl Prydain sy'n gollwng lleiaf o garbon deuocsid i'r awyr.		
Rydym yn gallu helpu i ofalu am y ddaear drwy beidio â gwastraffu bwyd.		
Drwy ddefnyddio'r cyfrifiadur, rydym yn gollwng nwyon tŷ gwydr i'r awyr.		
Mae pobl Mali yn gollwng mwy na thunnell o garbon deuocsid i'r awyr.		

5. Tynnwch **6** llinell i gysylltu'r geiriau ar y chwith â'u hystyron. Mae'r un cyntaf wedi ei wneud i chi.

cynhesu	moroedd mawr iawn
gallwn	dadmer
anialwch	cynorthwyo
cefnforoedd	rydym yn gallu
helpu	twymo
toddi	difetha
dinistrio	tir diffaith

(llinell wedi'i thynnu o 'anialwch' i 'tir diffaith')

6. Beth yw ffurf pob is-bennawd yn y testun hwn?

- capsiwn ☐
- datganiad ☐
- cwestiwn ☐
- ebychnod ☐

7. Mae llawer o enwau unigol a lluosog yn y darn. Gorffennwch y tabl yma. Mae'r un cyntaf wedi ei wneud i chi.

Unigol	Lluosog
problem	problemau
	gwledydd
	tymhorau
	ffermwyr
car	
ystafell	
	ffeithiau
blwyddyn	
	patrymau

30

8. Pobl pa wlad sy'n gollwng lleiaf o garbon deuocsid i'r awyr? Ticiwch **un**.

- De Affrica ☐
- Gogledd America ☐
- Mali ☐
- Prydain ☐

9. Darllenwch y testun yma.

> **rhewlif** *hwn enw (rhewlifau)* afon o iâ sy'n symud yn araf i lawr mynydd GLACIER

O ble mae'r testun yma yn dod? Ticiwch **un**.

- dyddiadur ☐
- holiadur ☐
- geiriadur ☐
- gwyddoniadur ☐

10. Darllenwch y paragraff yma eto.

> Pan mae'r byd yn cynhesu, mae'r moroedd yn twymo hefyd. Mae hyn yn gallu arwain at fwy o stormydd a chorwyntoedd difrifol iawn.

Beth ydych chi'n ei feddwl yw ystyr 'corwyntoedd'? Ticiwch **un**.

- corrach yn chwythu ☐
- y byd yn cynhesu ☐
- gwyntoedd cryf iawn ☐
- y gwynt yn twymo ☐

> Yn eich grŵp, eglurwch beth rydych chi'n ei wneud i ofalu am y ddaear. Meddyliwch am y pethau rydych yn eu gwneud yn yr ysgol a gartref. Allech chi fod yn gwneud mwy? Beth? Cofiwch roi digon o resymau i gefnogi yr hyn yr ydych yn ei ddweud.

Darllenwch y stori yma, sydd mewn tair rhan.

Rhan 1

Y watsh

"Codwch ac ewch allan i chwarae yn lle eistedd yn fan'na o flaen y sgrin drwy'r prynhawn," dywedodd mam Iwan wrth y ddau fachgen.

"Ond beth wnawn ni?" gofynnodd Iwan.

"Ewch i'r ardd i gicio pêl … ewch i'r den i chwarae … ewch i weld Siôn drws nesa … ewch â'r ci am dro … gwnewch unrhyw beth, ond ewch allan i'r haul yn lle aros yn y tŷ ar brynhawn mor braf."

Meddyliodd Iwan am funud ac yna gofynnodd i'w fam, "Ble mae'r bêl newydd ges i ar fy mhen-blwydd?"

"Yn ystafell Taid," atebodd ei fam.

"Tyrd," dywedodd Iwan wrth Rhys, ei ffrind, ac i ffwrdd â nhw i mewn i ystafell Taid.

***

Roedd hi'n dywyll yn yr ystafell, ac felly agorodd Iwan y llenni. Roedd llun o Taid ar y wal – dyn mawr cryf, gyda mop o wallt llwyd a llygaid glas. Roedd bocsys o gwmpas yr ystafell – bocsys ar ben bocsys – ac enw Taid wedi ei ysgrifennu'n glir ar bob un.

"Pam mae pethau Taid mewn bocsys?" gofynnodd Rhys.

"Achos mae Taid wedi diflannu," atebodd Iwan.

"Wedi diflannu? Ond sut? Pryd?"

"Dw i ddim yn gwybod sut diflannodd o," atebodd Iwan, "Ond dw i'n gwybod pryd diflannodd o – bum mlynedd yn ôl." Daeth golwg drist dros wyneb Iwan. "Tyrd, rhaid i ni edrych am y bêl a mynd allan," dywedodd yn sydyn.

Aeth y ddau ati i chwilio am y bêl.

"Bobl bach, beth ydy'r rhain?" gofynnodd Rhys ar ôl iddo agor bocs ar y gwely.

Edrychodd Iwan yn y bocs.

"Watshys," atebodd o. "Roedd Taid yn casglu hen watshys. Roedd o'n hoffi prynu hen watshys oedd wedi torri er mwyn eu trwsio nhw."

"Wel, dydy o ddim wedi gwneud gwaith da iawn ar yr un yma," dywedodd Rhys, gan ddal un o'r watshys i fyny. Watsh arian oedd hi, gyda diemwntau a gemau coch a gwyrdd ar ei chefn. "Edrycha, mae'r rhifau ar yr ochr anghywir. Mae'r 11 lle dylai'r 1 fod, mae'r 10 lle dylai'r 2 fod; mae'r 9 lle dylai'r 3 fod." Oedd, roedd yr holl rifau ar ochr anghywir y watsh – roedd y rhifau oedd i fod ar ochr chwith y watsh ar yr ochr dde ac roedd y rhifau oedd i fod ar yr ochr dde ar yr ochr chwith. Roedd y watsh tu chwith.

"Edrycha, mae botwm ar y watsh," dywedodd Rhys, gan bwyso'r botwm yn galed. Yn sydyn, dechreuodd y watsh dician yn uchel a dechreuodd y bys mawr symud – yn araf i ddechrau ond yna'n gyflym … ac yna'n gynt ac yn gynt. Daeth golau o ganol y watsh a sŵn rhyfedd fel cannoedd o nadroedd yn hisian gyda'i gilydd.

"Beth sy'n digwydd?" gofynnodd Rhys.

1. Beth, yn eich barn chi, oedd y ddau fachgen yn ei wneud ar ddechrau'r stori?

   _____

2. Sut mae'r tywydd ar ddechrau'r stori?

   _____

3. Dewiswch a chopïwch unrhyw orchymyn sydd i'w weld ar ddechrau'r stori.

   _____

4. Darllenwch y paragraff yma eto.

   > "Dw i ddim yn gwybod sut diflannodd o," atebodd Iwan, "Ond dw i'n gwybod pryd diflannodd o – bum mlynedd yn ôl." Daeth golwg drist dros wyneb Iwan. "Tyrd, rhaid i ni edrych am y bêl a mynd allan," dywedodd yn sydyn.

   Beth sy'n awgrymu bod Iwan yn hoff o'i daid neu ei dad-cu?

   _____

5. Beth roedd Taid yn mwynhau gwneud?

   Ticiwch **un**.

   torri watshys ☐   chwarae gyda watshys ☐
   gweithio ar watshys ☐   gwisgo watshys ☐

6. Beth sy'n rhyfedd am y watsh y mae Rhys yn ei dal i fyny?

   Ticiwch **un**.

   Mae'r bysedd yn y lleoedd anghywir. ☐
   Mae'r rhifau yn y lleoedd anghywir ☐
   Does dim bysedd ar y watsh. ☐
   Does dim botwm ar y watsh. ☐

Rhan 2

Yn yr ysgol

Rownd a rownd … igam-ogam … i'r chwith ac i'r dde … a … rownd a rownd. Roedd Iwan a Rhys yn teithio'n gyflym drwy dwnnel tywyll ac roedd y sŵn hisian yn mynd yn uwch ac yn uwch.

"Heeeeeeeeeeeeeelp!" sgrechiodd Rhys.

"Cŵŵŵŵŵŵŵŵŵŵŵŵŵŵl!" gwaeddodd Iwan.

Yn sydyn, glaniodd y ddau'n swp ar ganol iard ysgol. Edrychon nhw ar ei gilydd.

"Beth ar y ddaear wyt ti'n wisgo?" gofynnodd Iwan.

"Beth ar y ddaear wyt ti'n wisgo?" gofynnodd Rhys ac edrychodd ar y trowsus byr, y crys gwyn hen ffasiwn a'r wasgod frethyn roedd Iwan ac yntau'n gwisgo.

"*Who are you*?" gofynnodd llais cas tu ôl iddyn nhw. "*Come here this instant*!"

"Pwy ydy hwn a pham mae o'n siarad Saesneg?" gofynnodd Rhys i Iwan yn nerfus.

"Dim syniad," atebodd Iwan. "Ond paid â phoeni, mi wna i sortio pethau."

Cyn iddo gael cyfle i ddweud gair, roedd y dyn wedi gafael yng ngholeri Iwan a Rhys ac roedd o'n eu llusgo nhw i mewn i'r ysgol. Yno, yn hollol dawel, roedd llond ystafell o blant o bob oed yn gweithio'n galed wrth ddesgiau hir. Roedd y plant bach yn eistedd yn y tu blaen a'r plant mawr yn eistedd yn y cefn. Roedd rhai'n ysgrifennu ar lechen, rhai'n darllen llyfrau oedd yn edrych yn ddiflas iawn. Gwthiodd y dyn nhw i eistedd wrth ddesg hir yn y cefn. Yna, aeth i ben blaen yr ystafell, safodd o flaen y bwrdd du a dechreuodd ysgrifennu sym anodd iawn ar y bwrdd du.

"Pwy ydy o?" gofynnodd Iwan i fachgen oedd yn eistedd yn agos ato.

"Sh!" atebodd hwnnw, gan bwyntio at yr athro. Roedd o'n edrych yn ofnus iawn.

Edrychodd Iwan o gwmpas yr ystafell ddiflas. Roedd piano yn y gornel ac yn ei ymyl roedd basged yn cynnwys pedair cansen neu ffon denau, hir. Ar y wal roedd map o'r byd a llun du a gwyn o ddynes. "Bobl bach, dyna'r Frenhines Fictoria," sibrydodd Iwan wrth Rhys, gan bwyntio at y llun.

"Sh!" atebodd y bachgen wrth ochr Iwan eto. "Peidiwch â siarad neu bydd o'n flin iawn," a phwyntiodd at y dyn eto.

Erbyn hyn, roedd Rhys yn poeni'n fawr. "Ble ydyn ni?" gofynnodd.

"Dw i ddim yn siŵr," atebodd Iwan. "Ond ydy'r watsh gen ti o hyd?"

"Ydy," atebodd Rhys.

Edrychodd y ddau ar y watsh. Roedd y bysedd yn mynd rownd a rownd yn gyflym – o ddeuddeg … i un ar ddeg … i ddeg … i naw … i wyth … i saith … ac yn y blaen.

"Rydyn ni wedi mynd yn ôl mewn amser," dywedodd Iwan. "Edrycha, mae'r bysedd yn mynd i'r cyfeiriad iawn ond achos bod y rhifau wedi eu gosod yn anghywir ar wyneb y watsh, rydyn ni'n mynd yn ôl mewn amser. Rydyn ni yng Nghyfnod Fictoria."

"*Are you talking?*" Roedd y llais cas, creulon yn dod o du blaen y dosbarth. Edrychodd y ddau ar y dyn rhyfedd.

"*Come here!*" Aeth at y fasged lle roedd y pedair cansen denau, hir a chydiodd yn un.

"O, na," dywedodd y bachgen wrth ochr Iwan. "Mae o'n mynd i'ch cosbi chi am siarad."

"O, help," dywedodd Rhys yn ofnus.

"Tyrd â'r watsh yna i mi," dywedodd Iwan a chymerodd hi o law Rhys. Pwysodd y botwm ar gefn y watsh ac, yn sydyn, daeth golau llachar o ganol y watsh a sŵn rhyfedd fel cannoedd o nadroedd yn hisian.

7. Beth oedd yn yr ysgol?

Ticiwch **4** o'r canlynol.

cyfrifiadur ☐	llechen ☐
desgiau hir ☐	bwrdd gwyn ☐
posteri lliwgar ☐	cansen ☐
teledu ☐	pensiliau ☐
nadroedd ☐	piano ☐

8. Pwy yw'r dyn yn y stori?

Ticiwch **un**.

| y gofalwr ☐ | tad un o'r plant ☐ |
| yr athro ☐ | gŵr Fictoria ☐ |

9. Ysgrifennwch **un** darn o dystiolaeth sy'n dangos bod y dyn yn berson cas.

_____

10. Pwy yw'r bachgen mwyaf nerfus – Rhys neu Iwan?

_____

Rhowch **un** rheswm dros eich ateb.

_____

11. Ticiwch **Cywir** neu **Anghywir**.

	Cywir	**Anghywir**
1. Mae'r bechgyn yn gwisgo dillad gwahanol yn y rhan yma o'r stori.		
2. Mae'r dyn yn siarad Cymraeg a Saesneg gyda nhw.		
3. Mae'r plant yn yr ystafell yn swnllyd iawn.		
4. Mae pawb yn yr ystafell yn ysgrifennu.		
5. Mae'r dyn yn mynd i ben blaen yr ystafell i ganu'r piano.		
6. Mae'r dyn yn mynd i ddefnyddio'r gansen ar y bechgyn.		
7. Mae Rhys yn dal i gario'r watsh.		
8. Mae sŵn uchel yn dod o'r watsh.		

12. Darllenwch y darn yma eto.

> "*Are you talking*?" Roedd y llais cas, creulon yn dod o du blaen y dosbarth. Edrychodd y ddau ar y dyn rhyfedd.
>
> "*Come here*!" Aeth at y fasged lle roedd y pedair cansen denau, hir a chydiodd yn un.
>
> "O, na," dywedodd y bachgen wrth ochr Iwan. "Mae o'n mynd i'ch cosbi chi am siarad."
>
> "O, help," dywedodd Rhys yn ofnus.

13. Dewiswch a chopïwch **2** ansoddair o'r testun.

_____

_____

Rhan 3

Rownd a rownd … igam-ogam … i'r chwith ac i'r dde a rownd a rownd. Roedd Iwan a Rhys yn teithio'n gyflym drwy dwnnel tywyll ac roedd y sŵn hisian yn mynd yn uwch ac yn uwch.

"Heeeeeeeeeeeeelp!" sgrechiodd Rhys.

"Cŵŵŵŵŵŵŵŵŵŵŵŵŵl!" gwaeddodd Iwan.

Yn sydyn, glaniodd y ddau'n swp yng nghanol pentref ar ben bryn. Roedd wal uchel o gwmpas y pentref ac mewn un man roedd clwyd. Roedd y glwyd ar agor ac roedd y bechgyn yn gallu gweld gardd ac anifeiliaid yn pori tu allan iddi.

Roedd pedwar adeilad crwn, rhyfedd wedi eu gwneud o frigau a mwd yng nghanol y pentref. Edrychodd y ddau ar ei gilydd.

"Beth ar y ddaear wyt ti'n wisgo?" gofynnodd Iwan.

"Beth ar y ddaear wyt ti'n wisgo?" gofynnodd Rhys ac edrychodd ar y diwnig o frethyn roedd Iwan ac yntau'n gwisgo.

"Ble ydyn ni?" gofynnodd Rhys yn ofnus.

"Dw i ddim yn siŵr," atebodd Iwan. "Ond ydy'r watsh gen ti o hyd?"

"Ydy."

Edrychodd y ddau ar y watsh. Roedd y bysedd yn dal i fynd rownd a rownd yn gyflym – o ddeuddeg … i un ar ddeg … i ddeg … i naw … i wyth … i saith …

"Beth am edrych o gwmpas?" awgrymodd Iwan a dechreuodd gerdded tuag at yr adeilad crwn cyntaf, gyda Rhys yn ei ddilyn yn dawel.

Roedd drws yr adeilad ar agor ac felly cerddodd y ddau i mewn. Tu mewn, roedden nhw'n gallu gweld crochan yn berwi uwchben tân mawr. Dechreuodd Rhys beswch gan fod mwg o'r tân yn llenwi'r adeilad.

Yn sydyn, roedd twrw mawr tu allan.

"Dewch! Dewch! Brysiwch!"

Roedd pobl yn rhedeg i fyny'r bryn o'r ardd a'r caeau, rhai'n cario basgedi'n llawn llysiau a ffrwythau, rhai'n gyrru anifeiliaid o'u blaen.

"Dewch! Dewch! Brysiwch! Maen nhw'n dod! Brysiwch, rhaid cau'r glwyd neu byddan nhw'n dod i mewn i'r pentref," gwaeddodd un o'r dynion.

"Pwy ydy'r bobl yma? Pam maen nhw'n rhedeg?" gofynnodd Rhys, wedi cyffroi.

Doedd dim rhaid i Iwan ateb oherwydd, yn sydyn, roedd y ddau'n gallu gweld dynion yn rhedeg ar ôl y bobl. Roedden nhw'n cario gwaywffyn a chyllyll ac roedden nhw'n gweiddi ac yn sgrechian ac yn codi ofn ar y bobl.

"Tyrd i helpu," gwaeddodd Iwan ar Rhys, a rhedodd y ddau at y glwyd, yn barod i'w chau ar ôl i'r person olaf ddod i mewn.

"Brysiwch! Brysiwch!" gwaeddodd Rhys ar y bobl. Yna, cyn pen dim, roedd pawb i mewn yn ddiogel. Caeodd Rhys ac Iwan y glwyd a rhedon nhw i ganol y pentref at y bobl.

"Diolch am eich help," dywedodd un ohonyn nhw.

"Ie, diolch yn fawr," dywedodd pawb arall.

"Rhaid i ni ddweud wrth y pennaeth am hyn," dywedodd un o'r dynion.

Rhedodd dau o'r plant tuag at un o'r adeiladau. Cyn bo hir, dychwelon nhw gyda dyn mawr cryf, gyda mop o wallt llwyd a llygaid glas. O gwmpas ei wddf, roedd llinyn ac ar y llinyn roedd darn o emwaith arian gyda diemwntau a gemau coch a gwyrdd arno.

Edrychodd Rhys ar y dyn … yna ar Iwan … ac yna ar y dyn eto. Roedden nhw'n edrych yn debyg i'w gilydd. Yna edrychodd ar y darn o emwaith o gwmpas gwddw'r dyn ac ar y watsh oedd yn ei law.

"Bobl bach!" meddai. "Dw i'n gwybod pwy ydy o!"

14. Mae dechrau'r rhan yma o'r stori'n debyg iawn i ddechrau Rhan 2, ond beth sy'n wahanol?

Ticiwch **2**.

- beth maen nhw'n ei wisgo ☐
- sut maen nhw'n teithio ☐
- pwy sy'n teithio ☐
- lle maen nhw'n glanio ☐

15. Pa un o'r teitlau yma fyddai orau ar gyfer y stori?

Ticiwch **un**.

- Arwyr ☐
- Y Twnnel ☐
- Tri Adeilad Rhyfedd ☐
- Llysiau ☐

16. Mae'r testun yn dweud bod 'anifeiliaid yn pori tu allan i'r glwyd'. Beth yw ystyr 'pori'?

Ticiwch **un**.

- yfed ☐
- bwyta ☐
- cerdded ☐
- gorwedd ☐

17. Darllenwch y testun isod eto.

> Yn sydyn, roedd twrw mawr tu allan.
>
> "Dewch! Dewch! Brysiwch!"

Beth yw ystyr 'twrw'?

Ticiwch **un**.

- llawer o bobl ☐
- llawer o gaeau ☐
- llawer o sŵn ☐
- llawer o anifeiliaid ☐

18. Pwy, yn eich barn chi, yw'r pennaeth? Rhowch reswm dros eich ateb.

_____

> Mae Rhan 2 yn disgrifio ysgol yn Oes Fictoria.
>
> Eglurwch sut roedd mynd i'r ysgol yn y cyfnod hwnnw yn wahanol i fynd i'r ysgol heddiw.
>
> Mae Rhan 3 yn sôn am gyfnod y Celtiaid.
>
> Beth rydych chi'n ei ddysgu am y cyfnod o'r testun?
>
> Gorffennwch y stori yma.

TORFAEN LIBRARIES

Hefyd yn y gyfres...

Am fwy o fanylion, ewch i:
http://www.canolfanpeniarth.org/ditectif-geiriau

neu'r gweithgareddau:

http://adnoddau.canolfanpeniarth.org/ditectif-geiriau/.